SOCIÉTÉ RÉPUBLICAINE D'INSTRUCTION

DE MONTREUIL-SUR-MER

(Pas-de-Calais)

FONDÉE LE 17 NOVEMBRE 1880

SUPPLÉMENT

AU

CATALOGUE

DE LA

BIBLIOTHÈQUE POPULAIRE

1895

Se vend 5 Centimes

chez le Trésorier de la Société,

aux Bureaux du *Journal de Montreuil*

à la Bibliothèque Populaire à la Mairie

SOCIÉTÉ RÉPUBLICAINE D'INSTRUCTION

DE MONTREUIL-SUR-MER

(Pas-de-Calais)

FONDÉE LE 17 NOVEMBRE 1880

SUPPLÉMENT

AU

CATALOGUE

DE LA

BIBLIOTHÈQUE POPULAIRE

1895

Se vend 5 Centimes

chez le Trésorier de la Société,

aux Bureaux du *Journal de Montreuil*

à la Bibliothèque Populaire à la Mairie

E X T R A I T

DU

RÈGLEMENT DE LA BIBLIOTHÈQUE POPULAIRE

La Bibliothèque est ouverte les Dimanche et Jeudi, d'onze heures à midi ; elle est installée dans une des salles de l'Hôtel de Ville de Montreuil-sur-Mer.

ART. 4. — La cotisation des lecteurs est fixée à 0,05 cent. par mois ou 0,50 cent. par an. Les abonnements partent du premier dimanche de chaque mois. Le paiement de cette cotisation sera facultatif jusqu'à nouvel ordre. Le Catalogue est remis gratuitement aux abonnés.

ART. 6. — Chaque personne ne peut avoir en prêt qu'un volume à la fois, quel que soit le nombre des volumes d'un ouvrage.

ART. 7. — La durée du prêt pour chaque volume est de quinze jours.

ART. 8. — Tout volume rapporté par un lecteur peut être repris par lui-même, s'il n'est réclamé par d'autres. Cependant un volume ne peut, sous aucun prétexte, rester entre les mains du même lecteur pendant plus d'un mois.

ART. 9. — Le lecteur retardataire devra payer 0,20 cent. d'amende par semaine de retard.

ART. 10. — Tout volume taché, déchiré ou dégradé, par la faute de celui à qui il a été prêté, est, suivant qu'il est nécessaire, réparé ou remplacé aux frais de ce dernier.

ART. 11. — Tout volume perdu est remplacé aux frais de celui qui en est responsable, sans préjudice des poursuites auxquelles le fait pourrait donner lieu.

ART. 11. (Addition). — Lorsqu'un livre sera perdu, le lecteur devra payer non seulement la valeur du volume, mais aussi le montant total des amendes encourues pour retard (décision du 8 novembre 1881).

ART. 13. — Les volumes emportés par tout lecteur sont destinés à être lus par lui et par les siens habitant avec lui, mais ne peuvent être prêtés au dehors à qui que ce soit.

ART. 14. — A moins d'autorisation de leur père ou tuteur, les mineurs de seize ans ne peuvent fréquenter la Bibliothèque.

SUPPLÉMENT

AU

CATALOGUE

DE LA

Bibliothèque Populaire

n° 1497 au n° 2068

O. — PUBLICATIONS PÉRIODIQUES

La Société républicaine d'Instruction met à la disposition de ses lecteurs de la Bibliothèque Populaire la collection complète des revues et recueils suivants qu'elle tient au courant par ses achats annuels.

L'année écoulée de chacune des publications est mise en lecture dans le premier trimestre de l'année suivante.

Le Magasin d'Education et de Récréation
de 1864 à 1894
deux volumes par an.

Le Musée des Familles
de 1834 à 1894
deux volumes par an depuis 1883.

Le Magasin pittoresque
de 1833 à 1894
un volume par an.

La Petite Revue
de 1888 à 1894
Deux volumes par an.

———

La Revue des Deux-Mondes
de 1857 à 1894
Six volumes par an.

———

Le Tour du Monde
de 1860 à 1894
Deux volumes par an.

———

Le Journal des Connaissances utiles
1879-1881
Six volumes.

———

La Science pour tous
1880-1894
Un volume par an.

———

La Science en Famille
1886-1894
Un volume par an.

———

La Nature
1880-1894
Deux volumes par an.

SUITE

DU

CATALOGUE GÉNÉRAL

—

A. — CONNAISSANCES UTILES

AA. — OUVRAGES DE LECTURE

2057 *Reusse.* — Le petit Paul.
2062 *Devinat.* — Livre de lecture.
2063 *Dacosta.* — Lectures courantes.
2065 *Charpentier.* — Lectures françaises.

AB. — OUVRAGES A CONSULTER

1799 Dictionnaire des communes.

AC. — RÉCRÉATIONS

1499 *De Moulidars.* — Encyclopédie des jeux.
1500 *Dillay.* — Les jeux de la jeunesse.

B. — SCIENCES

BA. — SAVANTS ET SYSTÈMES

1825 *Bonnefond.* — Les miettes de la science.

BC. — ASTRONOMIE

1944 *Guillemin.* — Autres mondes.

BD. — PHYSIQUE

1514 *Laurencin.* — L'étincelle électrique.
1534 *Renard.* — Les phares.
1556 *Poey.* — Comment on observe les nuages.
1775 *Dary.* — L'électricité dans la nature.
1853 *Tissandier.* — Récréations scientifiques.
1854 *Tissandier.* — La physique sans appareils.

BE. — CHIMIE

1595 *Tissandier*. — L'eau.
1596 *Tissandier*. — La houille.
1788 *Deutsch*. — Le pétrole.

BF. — PHYSIQUE DU GLOBE

1562 *C. Flammarion*. — Récits de l'Infini.
1563   id.   Voyages aériens.
1569   id.   L'atmosphère.

BG. — GÉOLOGIE, MINÉRALOGIE

1593 *Simonin*. — Merveilles du Monde souterrain.

BI. — BOTANIQUE

1511 *Ranghade*. — Promenade d'un naturaliste.
1694 *Barraud*. — L'ortie.
1696 *Dubois*. — Produits végétaux alimentaires.

BJ. — ZOOLOGIE

1510 *Roger*. — Les monstres invisibles.
1512 *Pizzetta*. — Les secrets de la plage.
1515 *Du Casse*. — Les animaux intelligents.
1691 *Blanchard*.— La vie des êtres animés.
1692 *Jules Gay*. — Lectures scientifiques.
1734 *Fabre*. — Souvenirs entomologiques.
1915 *Berger*. — Les insectes nuisibles.
1961 - 1962. — Le naturaliste préparateur, 2 vol.

BK. — ANTHROPOLOGIE, MÉDECINE, HYGIÈNE

1513 *William Hugs*. — Ma maison. — Histoire de
     mon corps.
1738 *Maindron*.—Les hôtes d'une maison parisienne.
1800 *Lamounette*. — Principes d'hygiène.
1867 *Trousseau*. — Hygiène de l'œil.
1877 *Paulin et Labit*. — Examen des aliments sus-
     pects.
1891 - 1892. — *Maigne*. — Alimentation, 2 vol.
1950 Dr *Laveran*. — Du paludisme.
1951 Dr *Wurts*. — Technique bactériologique.

BL. — SYSTÈMES SCIENTIFIQUES CONTEMPORAINS

1540 *Calvet*. — Dans mille ans.
1559 *Flammarion*. — Les mondes imaginaires.
1568 *Flammarion*. — Le monde avant la création
     de l'homme.
1570 *Descleuzious*. — La création de l'homme.

C. — AGRICULTURE

CA. — ÉLÉMENTS DE L'ART AGRICOLE

1756 *Grandeau.* — Etudes agronomiques.
1776 *Bussard.* — L'agriculture·
1890 *Landrin.* — Engrais.
2047 *Cunisset-Carnot.* — Livre d'agriculture.

CD. — BÉTAIL. — BASSE-COUR

1733 *Bouchardat.* — Formulaire vétérinaire.
1941 *Caustier.* — Les pigeons voyageurs.

CF. — HORTICULTURE

1884 *Truelle.* — L'art de reconnaître les fruits de
pressoir.
1907 *André.* — Plantes de terre de bruyère.
1914 *Berger.* — Les plantes potagères.

D. — INDUSTRIE

DB. — DÉCOUVERTES ET INVENTIONS

1497 - 1498. — *L. Figuier.* — Les merveilles de la
science. (Supplément.) 2 vol.
1572 *Albert Lévy.* — Nos vraies conquêtes.
1574 *De Parville.* — Causeries sur l'Exposition de
1878.
1819 *L. Figuier.* — L'année scientifique, 1864.
1820 *L. Figuier.* — L'année scientifique, 1865.
1821 *Meunier.* — La science et les savants en 1864.
1830 *L. Figuier.* — Découvertes modernes.
1851 *Gossin.* — Les chemins de fer.
1886 *Julien Brault.* — Histoire de la téléphonie.

DC. — MÉTHODES ET PROCÉDÉS INDUSTRIELS VULGARISÉS

1859 *Molinier.* — L'émaillerie.

DE. — MANUELS D'ARTS ET MÉTIERS

1557 *Dumont.* — Travaux manuels.
1795 *Marie Toussaint.* — Travaux de couture.

E. — BEAUX-ARTS

EA. — HISTOIRE DES BEAUX-ARTS

1707 *Cherbuliez.* — L'art et la nature.

EB. — ARCHITECTURE ET SCULPTURE

1732 *Ringelmann.* — La construction et les bâtiments
ruraux.

F. — ART MILITAIRE

1767 *Derisoud.* — Guide du télégraphiste en campagne.
1882 *Quesnoy.* — La guerre à toutes les époques.
1923 - 1925. — *Général Thoumas.* — Causeries militaires. 3 vol.
1934 *Raoul Chelard.* — Les armées françaises jugées par les habitants de l'Autriche.

H. — ÉCONOMIE SOCIALE

HA. — ÉCONOMIE PRIVÉE

1769 *Coste.* — Alcoolisme et épargne.
1774 *Arsène Petit.* — Assurances sur la vie.
1856 *Eline Roch.* — Ce que vaut une femme.
2049 *M.-Robert Halt.* — Le ménage de Mme Sylvain.

I. — PHILOSOPHIE

IB. — PHILOSOPHIE MORALE

1740 *Montaigne.* — De l'amitié.
1762 *Rod.* — Le sens de la vie.
1939 *Eline Roch.* — L'art d'être heureux.
1952 *Gréard.* — De la morale de Plutarque.
1872 - 1873. — *Lubbeck.* — Le bonheur de vivre, 2 vol.
1932 *Dostoïlowski.* — Les étapes de la folie.
2042 *P. Branda.* — Réflexions diverses.

ID. — PHILOSOPHIE SOCIALE

1782 *Bardoux.* — Etudes d'un autre temps.

IF. — HOMMES UTILES

1824 *Bonnefond.* — Les héroïnes du travail.

J. — PÉDAGOGIE

JA. — ÉDUCATION

1766 *Mme Edgard Quinet.* — Le vrai dans l'éducation.
1790 *Baron de Lenval.* — Pensées sur l'éducation morale.
1858 *Wychgram.* — L'instruction publique des femmes en France.
1870 *Gréard.* — L'éducation des femmes.
1874 *Legouvé.* — Une élève de seize ans.

JC. — INSTRUCTION PRIMAIRE

1861 *Gréard.*— Éducation et instruction. Enseignement primaire.

JD. — INSTRUCTION SECONDAIRE ET ENSEIGNEMENT SUPÉRIEUR

1862 - 1863.— *Gréard.* — Éducation et instruction.
Enseignement secondaire. 2 vol.
1864 *Gréard.*— Éducation et instruction. Enseignement supérieur.

JE. — ÉDUCATION DE SOI-MÊME

1533 *Lavisse.* — Tu seras soldat.
1535 *Comte* et *Jeanvrot.*— La patrie française.
1785 *Vibert.* — Annuaire de la jeunesse.
1822 *Leser.* — Tous soldats.
2055 *Basile.* — Le livre du bon français.
2059 *Gérard.* - Maximes morales.
2066 *Jurauville.* — La civilité des petites filles.

K. — LÉGISLATION

KA. — DROIT PRIVÉ

1786 *Coquegniot.* — L'avocat des propriétaires et
des locataires.

KB. — DROIT PUBLIC

1875 *Franceschi.* — Manuel municipal.

L. — LITTÉRATURE

LA. — HISTOIRE ET CRITIQUE LITTÉRAIRE

1731 *Lecoffic.* — Les romanciers d'aujourd'hui.
1779 *René Millet.* — Rabelais.
1780 *Paul Janet.* — Fénelon.
1792 *Monceaux.* — Racine.
1793 *Corréard.* — Hérodote.
1829   id.   Principaux écrivains français.
1871 *Gazier.* — Petite histoire de la littérature
française.
1946 - 1947.— *Mézières.*— Gœthe et ses œuvres, 2 vol.

LB. — RECUEILS. GENRES DIVERS. TRADUCTIO NS

1504 *Grandville*. — Vie privée des animaux.
1702 *Le Tasse*. — La Jérusalem délivrée.
1708 *Monceaux*. — Apulée.
1768   id.   La vraie farce de Maître Pathelin.
1783 Lamartine par lui-même.
1866 *Seignobos*. —Anthologie des œuvres de Michelet.
1948 *Lefort*.— Les mots de Voltaire.
1954 *Louis Farge*. — Stendhal diplomate.
1955 *André Saglio*. — Maisons d'hommes célèbres.
1983 *Lamennais*. — Le livre du peuple.
2053 *Jost*. — Lectures pratiques.
2067 *Lebaigue*. — Pour nos filles.

LC. — POÉSIE

1701 *Homère*. — L'odyssée.
1709 *Melvil*. — Poèmes héroïques.
1879 *Lacaussade*. — Poèmes et paysages.
1927 *Léon Dierx*.— Poésies complètes.

LD. — THÉATRE

1905 *Augier*. — Les effrontés.
2040 *E. Scribe*. — Proverbes.

LE. — CONTES

1549 *Erckmann-Chatrian*. — Contes et romans
         populaires.
1564 *Deulin*.— Contes de la mère L'Oie.
1921 *Gondareau*. — Contes patriotiques.
1942 *Tolstoï*. — Contes et Fables.
1985 *Nodier*. — Ecrin d'un conteur.
2041 *Erckmann-Chatrian*. — La maison forestière.

LF. — RÉCITS ET ROMANS MORAUX

1571 *Marie Robert Halt*.—Histoire d'un petit homme.
1713 *Madame Caro*.— Fruits amers.
1753 *De Pontmartin*. — Aurélie.
1763 *Madame Samson*. — Trop mondaine.
1764 *De Amicis*. — Cuore.
1823 *Calmettes*. — Brave fille.
1826 *D'Hervilly*. — Seule à treize ans.
1935 *Madame Caro*. — Amour de jeune fille.
1968 *James*. — Léonora d'Orco.
2050 *J.-B. Tartière*. — Sylvain.

2052 *Challamet.* — Jean Felber.
2054 *Compayré.* — Yvan Gall.
2064 *Sauvageot.* — Monsieur Prévot.

LG. — NOUVELLES

1561 *Deulin.* — Histoires de petite ville.
1710 *Anatole France.* — L'étui de nacre.
1755 *Berr de Turique.* — Le meuble florentin.
1878 *De Puymaigre.* — Folk-Lore.
1887 *Berr de Turique.* — Les demoiselles.
1912 *E. Poe.* — Nouvelles choisies.
1917 *De Cherville.* — Récits de terroir.
1967 *De Hillern.* — Le couvent de Marienberg.
2035 *P. Maël.* — La bruyère d'Yvonne.
2043 *D. Pedro.* — Un tricorne.
2058 *H. Gréville.* — Récits et nouvelles.
2060 *De Amicis.* — Grands cœurs.

LH. — ROMANS D'AVENTURES

2503 *J. Verne.* — Aventures de trois Russes et de
    trois Anglais.
1505 - 2032. *J. Verne.* — Les enfants du capitaine Grant.
1536 *G. Aymard.* — Le grand chef des Aucas.
1537   id.   Le chercheur de pistes.
1538   id.   Les pirates de prairies.
1539   id.   La loi de Lynch.
1546 *J. Verne.* — Voyage au pays des fourrures.
1894 *Mayne-Reid.* — Les partisans.
1895   id.   Le doigt du destin.
1896 *De Hillern.* — La fille au vautour.
1963 *Braddon.* — Le capitaine du *Vautour.*
1966 *Gerstacker.* — Les pirates du Mississipi.
1973 *Méry.* — Les deux amazones.

LI. — ROMANS SCIENTIFIQUES

1573 *J. Verne.* — La maison à vapeur.

LJ. — ROMANS PASSIONNELS

1704 *Balzac.* — Eugénie Grandet.
1943 *A. Theuriet.* — Reine des bois.
1981 *Henri Conscience.* — Le démon de l'argent.

LK. — SCÈNES ET TABLEAUX DE LA VIE DE FAMILLE

1798 *Gogol.* — Tarass-Boulba.

LL. — ROMANS DE MŒURS

1506 - 1507.—*Walter Scott.*—Romans poétiques, **2 v.**
1508 *Halévy.* — L'abbé Constantin.
1509 *Lamartine.* — Raphaël.
1558 - 1906.— *Lamartine.* — Graziella.
1689 - 1690. — *Norris.*— La méprise d'un célibataire,
        2 vol.

1705 *Balzac.* — Les employés..
1706 id Le père Goriot.
1737 *Pouchskine.* — La fille du capitaine.
1739 *Fernay.* — Le moujik.
1742 *Balzac.* — Un ménage de garçon.
1743 id Un début dans la vie.
1744 id Les paysans.
1754 *Du Chastel.* — Regain d'amour.
1758 - 1759. — *Balzac.* — Illusions perdues, 2 vol.
1760 *Balzac.* — Le contrat de mariage.
1781 id La cousine Bette.
1784 id Le cousin Pons.
1897 - 1898. — *Braddon.* — Aurora Floyd, 2 vol.
1899 - 1900.— *Thackeray.*—La foire aux vanités, 2 v.
1901 - 1902. — *Braddon.* — Le testament de John
   Marchmont, 2 vol.
1903 - 1904. — *Ch. Dickens.*—Barnabé Rudge, 2 vol.
1908 *Mme de Girardin.* — Il ne faut pas jouer avec
   la douleur.
1911 *A. Dumas fils.* — Antonine.
1964 *Sir Litton.* — Alice ou les mystères.
1965 *Gaskel.*— Les amoureux de Sylvie.
1969 *Cacciniaga.* - Le baiser de la comtesse Savina.
1970 *Braddon.* — Barbara.
1971 id Lady Lisle.
1972 *Miss Kummins.* — La rose du Liban.
1978 *Lamartine.* — Geneviève.
1979 *A. Dumas fils.* — Le docteur Servans.
1980 id La dame aux perles.
2033 *L. Cladel.* — Ompdrailles.
2034 *P. Maël.* — Le Torpilleur 39.
2037 *P. Maël.* — Pilleurs d'épaves.
2038 *H. Malot.* — Une bonne affaire.

LM. — ROMANS HISTORIQUES

1550 *Erckmann-Chatrian.*— Romans nationaux.
1565   id   Histoire d'un paysan.
1575   id   Romans populaires.

1750 *Andreiew.* — Le tzar.
1787 *Claretie.* — Le drapeau.
1893 *Ainsworth.* — Abigaïl ou la cour de la reine
      Anne.
1909 *Balzac.* — Sur Catherine de Médicis.
1933 *Pouchkine.* — L'aube russe.
2036 *Walter Scott.* — Quentin Durwart.
2039 *A. Dumas.* — Les Borgia.

LN. — ROMANS SATIRIQUES

1974 *Champfleury.* — Les bourgeois de Molinchart.

LP. — ROMANS PHILOSOPHIQUES

1761 *Balzac.* — La recherche de l'absolu.

M. — ETHNOGRAPHIE

MA. — VOYAGEURS ET MARINS

1869 *Olivier du Chastel.* — L'œuvre de Gama.

MB. — VOYAGES D'EXPLORATION MODERNES

1770 *Leclercq.* — Du Caucase aux monts Halaï.
1771 *Caron.* — De Saint-Louis à Tombouctou.
1772 *Bouinais.* — De Hanoï à Pékin.
1849 *Crevaux.* — Voyages dans l'Amérique du Sud.

MC. — GÉOGRAPHIE

1715 - 1716. — *Lanier.* — L'Asie, 2 vol.
1741 *Marcel Dubois.* — La France et ses colonies.
1831 *Delon.* — Cent tableaux de géographie pitto-
      resque.
1913 *Desplaces.* — Le canal de Suez.

MD. — MŒURS. COUTUMES. INSTITUTIONS

1501 *Tissot.* — Voyage au pays des milliards.
1502   id   Voyage aux pays annexés.
1700 *Burdeau.* — L'Algérie en 1891.
1703 *Garcin.* — Un an chez les Muongs.
1711 *De Vogüé.* — Syrie et Palestine.
1712 *De Soudak.* — La Crimée.
1714 *Marquise de San-Carlos.* — Les Américains
      chez eux.
1751 *Jacolliot.* — Au pays de la liberté.

1765 *Charmes.* — Tunisie et Tripolitaine.
1794 *Blairat.* — Tunis en 1891.
1797 La Russie.
1850 *Grad.* — A travers l'Alsace et la Lorraine,
1852 *Brosselard-Faidherbe.* — Casamance et Mella-
    corée.
1876 *Chailley.* — La colonisation de l'Indo-Chine.
1881 *Deschanel.* — Les intérêts français dans l'Océan
    Pacifique.
1885 *Sauvin.* — Un royaume polynésien.
1930 *Excoffon.* — Les pères blancs en Afrique.
1931 *Septans.* — Les commencements de l'Indo-Chine
    française.
1940 *F. Regamey.* — Le Japon pratique.

ME. — SCÈNES ET AVENTURES DE VOYAGE

1547 - 1548. — *Lefaure.* — Aventures d'un savant
    russe, 2 vol.
1773 *Casgrain.* — Un pélerinage au pays d'Evan-
    geline.
1883 *Trébuchet.* — Étapes d'un touriste dans la baie
    de Cancale.
1918 *Henri Belle.* — Voyage en Grèce.
1919 *Lemonnier.* — Voyage en Belgique.
1920 *Goudareau.* — Excursions au Japon.
1929 *Chabrand.* — De Barcelonnette au Mexique.
2044 *P. Branda.* — Lettres d'un marin.
2045   id.   Autour du monde.
2046   id.   Les trois caps.

N. — HISTOIRE

NA. — HISTOIRE DES PEUPLES ANCIENS

1801 - 1802. — Tite-Live, 2 vol.
1837 *Paul Monceaux.* — La Grèce avant Alexandre.
1916 *Duponchel.* — Histoire de Grèce et d'Italie.
1945 *Michelet.* — Rome.
1956 *Jurien de la Gravière.* — Le démembrement
    de l'empire d'Alexandre.
1957 *Jurien de la Gravière* — La conquête de l'Inde.
1958   id.   L'héritage de Darius.
1959   id.   L'Asie sans maître.
1960   id.   Le drame macédonien

NB. — HISTOIRE DES PEUPLES MODERNES

1842 - 1843-1844-1845. — *Lavallée.* — Histoire des
   Français, 4 vol.

NC. — GRANDES FIGURES DE L'HISTOIRE

1697 *Spuller.* — Lamennais.
1747 *Dreyfus.* — Vauban économiste.
1749 *Tiercot.* — Rouget de l'Isle.
1757 *Rayeur.* — Mirabeau.
1777 *Chuquet.* — J.-J. Rousseau.
1778 *Boissier.* — Saint-Simon.
1791 *Normand.* — Montluc.
1827 *Depasse.* — Carnot.
1829 *Challamel.* — Colbert.
1860 *Bardoux.* — Madame de Custines.
1868 *Pelletan.* — Le grand Frédéric.
1880 *Mainard.* — Henri Martin.
1922 *Montet.* — Saint-Simon.
1976 *Stappleton.* — Thomas Moore.

ND. — GRANDES ÉPOQUES ET ÉPISODES DE L'HISTOIRE
DU MOYEN AGE

1717 *Fabre.* — Condamnation de Jeanne d'Arc.
1718 - 1719. — *Fabre.* — Réhabilitation de Jeanne
   d'Arc.
1865 *Léon Geléy.* — L'Espagne des Goths et des
   Arabes.
1936 *Mariejol.* — L'Espagne sous Ferdinand et
   Isabelle.
1937 *Perrins.* — La civilisation florentine du XIII°
   au XVI° siècle.

NE. — GRANDES ÉPOQUES ET ÉPISODES DE L'HISTOIRE
MODERNE

1562 - 1566. — *Louis Blanc.* — Histoire de dix ans
   (1830-1840), 5 vol.
1567 *Elias Regnault.* — Histoire de huit ans
   (1840-1848).
1594 *Saint-Simon.* — Le Régent.
1699 *Guillon.* — Pendant la Terreur.
1724 *Chuquet.* — Première invasion prussienne.
1725   id.   Valmy.
1726   id.   La retraite de Brunswick.
1727   id.   Jemmapes.

1728   *Chuquet.* — La trahison de Dumouriez.
1729   id.   Custine.
1730   id.   Mayence.
1735   *D'Auterive.* — Lettres d'un chef de brigade.
1746   *Friel.* — Fontenoy.
1752   *Larchey.* — Journal de Fricasse.
1789   *Marschall.* — La patrie en danger.
1832 - 1841. — *Thiers.* — Histoire de la Révolution française, 10 vol.
1846   *H. Castille.* — Hist. de la Révolution française.
1855   *Sayous.* — Les deux révolutions d'Angleterre.
1889   *Pellet.* — Variétés révolutionnaires.
1910   *Clémence Robert.* — La famille Calas.
1938   *Sourriau.* — Louis XVI et la Révolution.
1949   *Thirion.* — Souvenirs militaires.
1953   *Lockroy.* — Une mission en Vendée en 1793.
1977   *Weill.* — Histoire de la grande guerre des paysans.
1982   *D'Alembert.* — Destruction des Jésuites en France.
1987   *Henri Houssaye.* — 1815.
2048   *Durand.* — Histoire de notre patrie.
2056   *Duruy.* — Pour la France.
2061   *Lefrançais.* — Lectures patriotiques.
2068   *Braquehay.* — Le général Merle.

NF. — PROGRÈS DE LA CIVILISATION

1555   *Delon.* — Les paysans.
1560   *De Jupille.* — Jacques Bonhomme et John Bull.
1698   *Bourde.* — La fin du vieux temps.
1720   *Franklin.* — La vie privée d'autrefois. Les médicaments.
1721   id.   id.   Les médecins.
1722   id.   id.   Ecoles et collèges.
1723   id.   id.   Variétés gastronomiqu[os].
1736   *Jeanvrot.* — La patrie française.
1928   *Bardou.* — La bourgeoisie française.
1984   *Pelletan.* — La naissance d'une ville.
2051   *Germain et Aubert.* — La Révolution et son œuvre.

NG. — ÉVÉNEMENTS DE L'HISTOIRE CONTEMPORAINE

1516   *Meyrac.* — Histoire de Napoléon III.
1693   *Riquiez.* — Souvenons-nous (1870-71).
1695   *Bastard.* — Charges héroïques.

1748 *Victor Dupuis.* — Souvenirs militaires.
1888 *Mézières.* — Récits de l'invasion.
1986 *Ph. Audebrand.*— Petits mémoires du XIXᵉ sièc.

NH. — HISTOIRE LOCALE

1975 *Lefils.* — Histoire du Crotoy.

O. — PUBLICATIONS PÉRIODIQUES

OA. — JOURNAUX. REVUES. RECUEILS

Le Magasin pittoresque

1803 - 1818. Années diverses de 1837 à 1858.
1490 Année 1890.
1576   id. 1891.
1684   id. 1892.
2002   id. 1893.
₂₀₁₆   id. 1894.

Le Magasin d'éducation et de récréation

1493-1494   Année 1890, 2 volumes.
1581-1582   id. 1891.   id.
1678-1679   id. 1892.   id.
1996-1997   id. 1893.   id.
2021-2022   id. 1894.   id.

Le Musée des Familles

1597-1665   Années 1834 à 1892. 68 vol.
1994-1995   Année 1893, 2 volumes.
2019-5020   — 1894.   id.

La Science pour tous

1551-1554   Années 1883 à 1886.
1495-1592   Année 1890.
1687   id. 1891.
1688   id. 1892.
2012   id. 1893.
2013   id. 1894.

La Nature

15.17-1531. Années 1883 à 1890. 34 vol.
1491-1492 Année 1890, 2 volumes.
1579-1580   id.   1891.   id.
1680-1681   id.   1892.   id.
1998-1999   id.   1893.   id.
2017-2018   id.   1894.   id.

La Science en Famille

2006-2012 Années 1886-1893. 7 vol.
2025 Année 1894.

La Science pratique

1496 Année 1889-1890.

La Petite Revue

1541-1545 Années 1888 à 1890. 5 vol.
1583-1584 Année 1891, 2 volumes.
1685-1686   id.   1892.   id.
2003-2004   id.   1893.   id.
2023-2024   id.   1894.   id.

Le Tour du Monde

1488-1489 Année 1890, 2 volumes.
1577-1578   id.   1891.   id.
1682-1683   id.   1892.   id.
2000-2001   id.   1893.   id.
2014-2015   id.   1894.   id.

La Revue des Deux-Mondes

1585-1591 Année 1890. 6 volumes.
1666-1671   id.   1891.   id.
1672-1677   id.   1892.   id.
1909-1993   id.   1893.   id.
2026-2031   id.   1894.   id.

Le Secrétaire,
E. CHARPENTIER.

Mars 1895.

EXTRAIT DES STATUTS
DE LA SOCIÉTÉ RÉPUBLICAINE D'INSTRUCTION
DE MONTREUIL - SUR - MER

Art. 1er. — Il est formé entre toutes les personnes qui adhèrent aux présents statuts une Société sous le titre de *Société Républicaine d'Instruction de Montreuil-sur-Mer*.

Elle a son siège à Montreuil-sur-Mer. Sa durée est illimitée.

Les Dames sont admises à en faire partie.

Art. 2. — La Société a pour but d'aider par tous les moyens possibles au développement de l'Instruction ;

En conséquence, et suivant les ressources pécuniaires dont elle disposera :

De distribuer des récompenses aux élèves les plus méritants et les plus assidus ;

D'accorder des Livrets de Caisse d'Epargne à ceux qui paraîtront dignes de cette faveur ;

De donner des Livres et des Fournitures classiques, de faire des distributions de vêtements à ceux qui pourraient en avoir besoin ;

De donner des récompenses aux instituteurs laïques les plus méritants ;

De créer des Bibliothèques populaires, des Cours d'Adultes, des Conférences, etc., etc.

Art. 3. — Les ressources de la Société se composent :

1º Des cotisations annuelles des Sociétaires fixées à *trois francs* ; 2º Des versements des donateurs ; 3º Des produits des Troncs que la Société pourra faire placer ; 4º Des produits des Conférences, Concerts, Expositions, Loteries qui pourront être organisés par la Société ; 5º Des dons de Livres, ou Objets Mobiliers Scolaires que la Société se réserve le droit d'accepter ou de refuser.

Imprimerie Paul LEFORT
MONTREUIL-SUR-MER

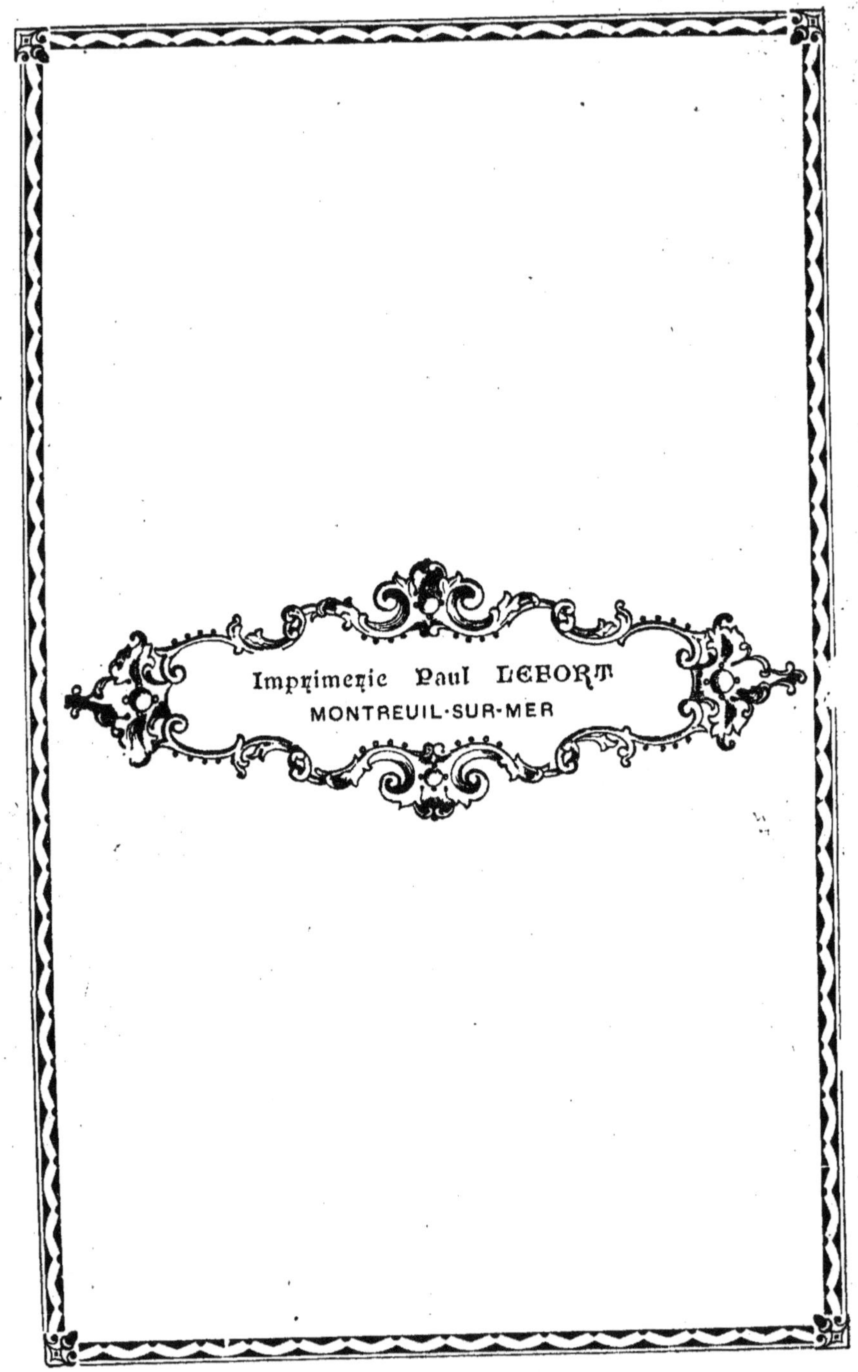
Imprimerie Paul LEFORT
MONTREUIL-SUR-MER

www.ingramcontent.com/pod-product-compliance
Lightning Source LLC
LaVergne TN
LVHW020631180726
843502LV00006B/1978